DECLARATION

CONTENANT LE

Reglement que le Roy veut estre obserué pour les Offices, desquels les pourueus aurót payé le Droict Annuel en l'année de leur deceds; & de ceux qui se taxent par dispence des quarante jours.

Publié au Séau le 5. Février 1638.

A PARIS,

Par Pierre Rocolet, P. Mettayer, & A. Estiene, Imprimeurs ordinaires du Roy.

Au Palais, en la Gallerie des Prisonniers, aux Armes du Roy & de la Ville.

M. DC. XXXVIII.

Auec Priuilege de sa Majesté.

LOVYS par la grace
de Dieu, Roy de Fran-
ce & de Nauarre ; A
tous ceux qui ces pre-
sentes verront ; Salut. Nous estant
fait representer en nostre Conseil
le Reglement sur le faict de nos
Parties Casuelles, le xx. Nouembre
1631. & nostre Declaration du vij.
Septembre 1637. portant que les
vefues & heritiers des Officiers decedez dans l'année pour laquelle
ils auroient payé le Droict Annuel
de leurs Offices, seroient tenus sui-
uant l'article xvj. de nostre dit Reglement, de disposer desdits Offi-

A iij

ces 'dans les six mois, du jour du
deceds, en Nous payant le huitiéme denier de l'éualuation d'iceux;
Et que ledit temps passé, il leur se-
roit accordé vn delay d'autres six
mois, apres lesquels lesdits Offices
seroient taxez au quart de la juste
valeur : Dont Nous aurions tiré
peu de fruict, & reçeu beaucoup de
plainctes de plusieurs desdites vefues, heritiers, ou creantiers desdits
Officiers, qui Nous ont fait re-
monstrer qu'il leur est impossible
de faire pouruoir ausdits Offices
dans le temps porté par nostredite
Declaration, ne trouuant dans vn
terme si bref des personnes capa-
bles pour tenir lesdits Offices, s'ils
ne les abandonnent à vil prix : Et
que les vefues & heritiers des Officiers pourueus d'Offices sujets à
suppression, decedez sans auoir

payé l'Annuel, & par ce moyen taxez par difpence des quaráte jours,
font traittez bien plus fauorable-
ment: Mefme ceux en faueur def-
quels on taxe des Offices vaccans
par mort, n'y ayant point de temps
prefix par noftre-dit Reglement,
pour faire pouruoir aufdits Offices, qui demeurent quelquesfois
cinq & fix années fans qu'il y ait
perfonne pouruen pour en faire
l'exercice, au grand prejudice du
public, & diminutió de nos droicts
de Refignation : A quoy voulans
pouruoir pour l'aduenir ; A ces
cavses, apres auoir fait voir en
noftre Confeil noftre-dit Reglement du xx. Nouembre 1631. & noftre-dite Declaration du vij. Septembre 1637. cy attachées fous le
contre-féel de noftre Chancellerie;
De l'advis de noftre-dit Con-

feil , & de noftre plaine puiſſance,
& authorité Royale , Nous auons
dit, declaré & ordonné, diſons, de-
clarons & ordonnons par ces preſentes, ſignées de noftre main.

I.

Que les vefues, heritiers, ou
creanciers des Officiers decedez
en l'année pour laquelle ils auront
payé le Droiét Annuel, ſeront tenus conformément au xvj. article
dudit Reglement, de faire pouruoir auſdits Offices , & payer le
huitiéme denier de l'éualuation
d'iceux , dans les ſix mois du jour
du deceds, dont ſera rapporté certifficat, atteſté du Iuge, & de noftre
Procureur du lieu où l'Officier ſera
decedé, & non autrement: En quoy
faiſant, Nous leur auons apres l'ex-

piration desdits six mois, accordé
delay d'vn an, au lieu des six mois
portez par le xv. article dudit Reglement, pour faire reformer les
prouisions desdits Offices sous le
nom de telles personnes qu'ils ad-
uiseront, sans pour ce payer autre
finance, en cas que ceux qui en seront pourueus n'y ayent esté reçeus, à la charge de payer le Droict
Annuel dans les deux mois, du jour
du payement dudit huitiéme denier.

I I.

Qu'à faute de payer par lesdites
vefues, heritiers, ou creantiers ledit
huitiéme denier dans ledit temps
de six mois, lesdits Offices seront
taxez au quart denier de leur juste
valeur, qu'ils seront tenus payer
en nos Parties Casuelles, & faire

pouruoir auſdits Offices dans les
ſix mois ſuiuans, en rapportant certifficat du deceds en la forme cy-
deſſus preſcripte, Moyennát quoy,
Nous leur auons accordé pareille
faculté pour faire reformer leurs
prouiſions , qu'à ceux qui auront
payé ledit huitiéme denier , &
Droiƈt Annuel dans les deux mois,
du jour du payement dudit quart
denier: Et s'ils ne payét ledit quart
denier dans ledit temps, les gages
& droiƈts attribuez auſdits Offices
ſeront rayez & rejettez des eſtats
de nos Finances : Et ne pourront
eſtre employez qu'en faiſant ap-
paroir de la quittance du payemét
dudit quart denier, pour jouyr deſ-
dits gages du jour & datte d'icelle,
& non autrement.

III.

III.

Que les vefues, heritiers, ou creantiers, aufquels Nous auons accordé des prolongations de delay en confequence de noftre-dite Declaration du 7. Septembre 1637. pour eftre admis au huitiéme denier: Et ceux qui font dans les fix mois, du jour du deceds feront tenus nous payer ledit huitiéme denier, & faire pouruoir à leurs Offices; Sçauoir ceux qui ont de delais dans le temps d'iceux, & ceux qui font dans les fix mois du jour du deceds dans trois mois, à compter du jour des prefentes, fur les peines cy-deffus.

IIII.

Que les porteurs des Procura-

tions des Officiers decedez , fans
auoir payé le Droiƈt Annuel, donc
les Offices font fujets à fuppreſſió,
fuiuant nos Ordonnances, & deſquels les Reſignations s'admettét
par difpence des quarante jours,
feront tenus de faire inceſſammét
taxer leſdits Offices, nous en payer
le droiƈt de Reſignation, & y faire
pouruoir dans les fix mois du jour
du deceds, duquel ils rapporteront
certifficat figné du Curé , atteſté
par le Iuge, & noftre Procureur du
lieu : Moyennant quoy, Nous leur
auons accordé pareille faculté &
delay pour faire reformer leurs
prouiſions, en payát dans les deux
mois du jour du payement de ladi-
te Reſignation le Droiƈt Annuel,
fans aucun preſt ny aduance, pourueu que les nommez auſdites prouiſions n'ayent efté reçeus auſdits

Offices: Et s'ils l'auoient esté, ne
pourront estre admis audit Droict
Annuel qu'en payant l'aduance à
proportion de temps: Et en vertu
de la quittance du payement desdites Resignations & prouisions
sur icelles, lesdits porteurs de Procurations jouyront des gages &
droicts attribuez ausdits Offices:
Au payement desquels les Payeurs
d'iceux seront contraints en vertu
du present article, & des quittan-
ces du payement desdites Resignations: Et à faute de payer lesdites
Resignations dans ledit temps, lesdits gages & droicts seront rayez
és estats de nos Finances.

V.

Et d'autant qu'il y a plusieurs
Offices de Iudicature, & autres qui

n'ont point ou fort peu de gages,
lefquels on negligeroit de leuer
dans les fix mois : Les porteurs de
Procurations de ceux qui n'ont que
cinquante liures de gages & au def-
fous, ne les pourront leuer lefdits
fix mois paffez, finon en payant les
fommes à quoy ils auront efté taxez, & le parifis d'icelles , fans que
pour quelque caufe & occafion
que ce foit,ils en puiffent eftre dif-
penfez.

V I.

Et à l'égard de ceux defdits Offices fujets à fupreffion, vaccans auāt
la datte des prefentes, & aufquels
n'a encore efté pourueu ,les porteurs des Procurations feront tenus les faire taxer,s'ils ne l'ont efté,
& de nous payer les droicts de Re-
fignations d'iceux dans deux mois,

fur les peines cy-deſſus : En quoy
faiſant , ils auront pareille faculté
& delay pour faire reformer leurs
prouiſions.

VII.

Ceux en faueur deſquels les Offices vaccans par mort auront eſté
taxez en noſtre Conſeil , ſeront tenus dans trois mois de payer les
ſommes à quoy ils auront eſté taxez , & à faute de ce faire dans ledit
temps , & iceluy paſſé , toutes per-
ſonnes ſeront receuës à les leuer.

SI DONNONS EN MANDE-
MENT à noſtre tres-cher & feal le
Sieur Seguier Cheualier , Chancelier de France , que ces preſentes
il faſſe lire & publier en noſtre
grande Chancellerie , le ſceau te-

nant ; & icelles regiſtrer és regiſtres de l'Audiance de France, & le contenu en icelle faire inuiolablement garder & obſeruer, ſans ſouffrir qu'il y ſoit contreuenu en quelque ſorte que ce ſoit , nonobſtant tous Arreſts & autres choſes contraires à ceſdites preſentes:à la coppie deſquelles collationnées par l'vn de nos amez & feaux Conſeillers & Secretaires , foy ſoit adjoûtée comme au preſent original , auquel en témoin dequoy Nous y auons fait mettre noſtre ſcel : Car tel eſt noſtre plaiſir. Donné à Saint Germain en Laye , le quatriéme jour de Février, l'an de grace mil ſix cens trente-huit. Et de noſtre regne le vingt-huitiéme. Signé, LOVYS. Et plus bas, Par le Roy, DELOMENIE. Et ſcellée ſur double queuë de cire jaune.

Leu & publié le sceau tenant, de l'Or-
donnance de Monseigneur Seguier Cheua-
lier, Chancelier de France, moy Conseiller
du Roy en ses Conseils, & grand Audian-
cier de France present, & regiſtrée és Re-
giſtres de l'Audiance de France à Paris, le
cinquiéme iour de Féurier mil six cens tren-
te-huit. Signé, DE COMBES.

Collationné à l'original par moy Conseiller,
Secretaire du Roy & de ses Finances.

9 782329 579672